Made in the USA
Las Vegas, NV
19 October 2022

57760057R00083